あふれる日々を、ととのえる。

石村由起子

JN078122

PHP研究所

はじめに

カフェと雑貨の店「くるみの木」をはじめて今年で40年になります。あまりにも忙しく夢中で駆け抜けてしまったので、月日の過ぎゆくスピードにただただ驚くばかりです。

思えば22歳で結婚してからが、本当の意味での私の暮らしのスタートでした。掃除、洗濯、料理、その他にも、とめどもなくあふれる家事の数々。そこに、仕事が重なり、どうすれば気持ちよく、機能的にできるのか、どうすれば理想とする素敵な暮らしができるのか、日々考えながら、工夫してきました。

暮らしが大事、仕事も大事。きっと、今を生きる皆さんも同じ思いを持っていらっしゃることと思います。不思議なもので、忙しければ忙しいほど、暮らしへの思いは募り、暮らしも仕事も、どちらも大切にするための知恵があふれ出てきます。

今現在も現役で、そしてまだまだ元気で仕事を続けられそうな私です。「くるみの木」40周年の節目に、感謝の気持ちを込めて、そろそろこの知恵を皆さんにお裾分けしたい。

もちろん、これが理想の暮らしの到達点ではありません。まだまだ工夫と変化の余地があると思っていますが、ひとつの区切りであることは間違いないように思います。

あふれる仕事、あふれる思い、あふれる日々をととのえながら、大忙しの人生を生きる私の暮らしの知恵と工夫が、読者の皆さまのお役に立つことができれば、こんなに嬉しいことはありません。

くるみの木　石村由起子

あふれる日々を、
ととのえる。

もくじ

Ⅱ 元気いっぱいの昼

Ⅲ 明日のための夜

I

心と体をととのえる朝

早起き、ゆっくり

朝は早起きして、ゆっくりするのが好きです。

お日さまが昇ると、自然に目が覚めてしまいます。春〜夏の季節だとだいたい4時半か5時くらいでしょうか。冬場はもう少し遅いことも……。

普段は、忙しく仕事をしているので、ひっきりなしに連絡が入りますし、打ち合わせやお客さまの来訪も頻繁にあります。

でも、さすがに7時くらいまでは連絡してくる人も少ないので、朝の時間は私にとって宝のような時間なのです。

奈良の中心部にほど近いのに、少し奥まっているためか静かで、緑に囲まれた土地に、縁をいただくことになりました。かつて奈良に都があった時代には、由緒ある薬草園だったとおっしゃる地元の方もいらっしゃいます。

そこで、夫と私がこれから年齢を重ねても安心して暮らせるようにと、信頼している建築家が平屋の小さな家をリノベーションしてくれました。元々ここで使われていた家の瓦を残しておいて使ってくれたので、まわりの風景とも調和のとれたたたずまいになりました。

家は小さいけれど、庭はとても広く、自然が大好きな私には、格別のよろこびがあります。

朝、目が覚めると、ダイニングの椅子に座り、窓からあふれんばかりの緑の景色を見渡します。

「土地は覚えているからね」

古代には、このあたりが薬草園だったと教えてくれたご近所のおじいさんが、ぽつりと言った言葉を思い出しました。土地は覚えている……、そうか、薬草になる植物をもう少し植えてみようかな。

そういえば若いころ、野草料理を習いに行ったことがありました。ですから、薬草の知識も少しはあります。もう少し勉強し直して、大好きな料理に薬草をプラスするのはどうでしょう。不思議ですね、なんだかあのころの自分の行動が、今に繋がっているように感じてなりません。

窓を開けると、何ともかぐわしい、爽やかな甘い香りが漂ってきます。この香りは、なんでしょう。ダイニングからテラスを通って、庭に降り立ち、香りの主を探すと、大和橘《たちばな》が清楚な白い花をいっぱいに咲かせていました。なんていい香り！

大和橘は、日本最古の柑橘とも言われていて、近年まで絶滅が心配されていました。ここ奈良の地で、大和橘を復活させようと立ち上がった方の多大なる努力のお陰で、光明が見えてきています。

蜜柑よりもずっと小さなかわいい実をつけるのですが、花が咲いたときに2つついているところは、手で摘んで1つにしてあげると、実が充実します。考えるともなしに花を摘みながら、これは後でお茶にしようと思ったり、こんなにいい香りなのだから、花をシロップにしてもいいかもしれない。そう思ったり。

空想は実現の準備運動だと思います。朝、早起きだからこそできる、ゆっくりとした時間に、自分の心を楽しませ、頭をリフレッシュさせているのです。

朝は掃除から

庭の散歩が終わったら、まずは掃除です。

「掃除は高いところからね」と教えてくれたのは母方の祖母でした。今もその声が聞こえてくるような気がします。

愛用しているのは羽二重《はぶたえ》正絹のはたき。白は見た目に清潔で、汚れたら柄から外して洗うこともできる優れものです。優しくパタパタと埃《ほこり》を落として、しばらく待つと、舞っていた埃が床に落ちてきます。はたきをしまって、箒《ほうき》を取りに行くほんの少しの時間でいいのです。舞っていた埃が落ち着いたら、和箒でさっさと外へ掃き出します。正直、これが一番ラクな掃除の仕方ではないでしょうか。毎朝掃き出していたら、さほど埃もたまりません。

急いでいると、紅茶の缶を開けようとして、わっとこぼしてしまったりすることもあります。そんなときは、柄の長い北欧製の箒とちりとりのペアが便利。さっと掃いて、ちりとりに集めて、パッと捨てる。慌てず騒がず、備えあれば憂いなしです。

もちろん、充電式掃除機を使うこともあります。隅にたまった埃は、吸引力の強い掃除機がいいですね。実はロボット掃除機も持っているのですが、私にはさほどロボット掃除機は必要ないようです。さっさと掃いちゃったほうがラクだから。ですから今は、充電が切れたままになっています（笑）。

お子さんがいて、おつとめしていて、毎朝、出がけにロボット掃除機のスイッチを入れて出かけるのが日課という人もいるでしょう。それはそれで大いに結構なことだと思います。自分の一番やりやすい方法で、家をきれいに保てれば、それで良いのです。

写真には撮りませんでしたが、拭き掃除のできるロボット掃除機も持っています。これは便利で、年々、膝をついて床を拭くのが大変になってきた私を助けてくれます。

少し贅沢かとも思いましたが、買ってよかったものの1つ。長年働いてきたのですから、そしてまだまだ働くのですから、便利なものに力を貸してもらいたいと思います。

とはいえ、老舗が代々守ってきた職人の技が光る美しい掃除道具を愛でつつ、大事に使うというのも良いことです。和箒は、同じ方向にばかり掃いていると、癖がついて曲がってきてしまいます。そんなときは、お湯で洗うついでにまっすぐにして干しておけば簡単に元に戻ります。

体のケアと身だしなみ

「石村さんはお元気ですね。何か体のためにされていますか?」とよく聞かれるのです。そのたびに「とくに何も……しいていえば、よく食べること?」と、答えていました。

「週に1度はジムに行っています」とか、「ヨガとピラティスを少々」などと答えられればいいのですが、なかなかまとまった時間をとれません。本当のことを言えば、ジムに通ったこともあるのです。でも、忙しさにかまけていけない日が続き、足が遠のいてしまいました。

それでも、もちろん、体のことは気になります。多くの方は、夜、疲れをとるためにお風呂に入りますよね。でも私は、夜はシャワーを浴びて寝てしまいたい派です。というか、夜なべ仕事も好きなので、お風呂にゆっくりつかる時間がないのです。

もう長年のことですが、お風呂は朝と決まっています。日に日に変わる庭をひとまわりして、掃除をしたら、たっぷりとお湯を張った浴槽に何かしら良い香りのものを浮かべてゆっくりとつかります。

今日は庭のいちじくの葉と絞った後のレモンを半分。なにも新しいレモンを入れる必要なんかないのです。足を伸ばして、ゆっくりつかれば、体のこわばりもほどけていきます。レモンを手にとり、鼻先に近づければ、爽やかな香りに包まれます。まるで果物そのものに包まれているよう。シャキッとした1日をはじめられそうです。朝風呂は私の健康の秘訣と言えるかもしれません。

明るい日差しの入る水回りが好きなので、この家もそうしてもらいました。お風呂上がりの化粧水には、もう何年もサンタ・マリア・ノヴェッラのローズウォーターを使っています。友人がフィレンツェ旅行のお土産に買ってきてくれたのが最初の出合いでした。今は、日本にもいくつもお店がありますね。世界最古の薬局といわれる、修道会のレシピでていねいにつくり続けられているという物語にも心惹《ひ》かれますし、その割にはお値段が手頃なのも嬉しいものです。パシャパシャとたっぷりと使い、その香りに癒やされています。

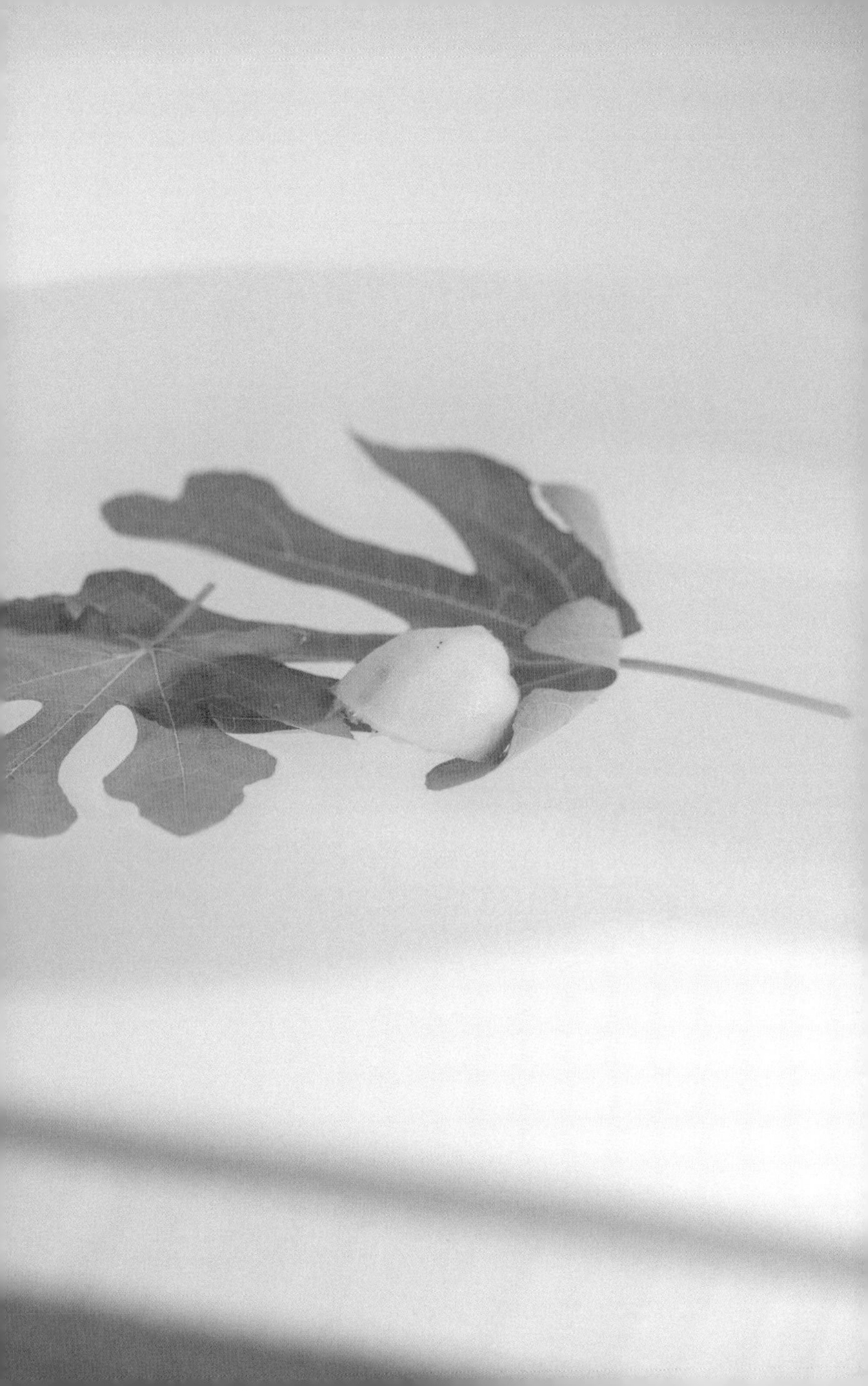

FIRENZE
1221
ROSE WATER

朝茶はその日の難のがれ

祖母はよく「『朝茶はその日の難のがれ』、1杯飲んで行きなさい」と、私にもお客さまにも朝のお茶を勧めていました。

元々は日本茶のことを言った言葉だと思いますが、そのときどきに、はと麦茶だったり、ドクダミ茶だったり、いろいろなお茶を大きな薬缶《やかん》で煮出しては飲ませてくれたものです。

その影響か私も、朝茶を欠かすことはできません。祖母と少し違うのは、朝、庭を散歩したときに集めておいた花や実、ハーブを好きなガラスのポットに入れ、たっぷりの水やお湯で抽出するハーブティにすることが多いことでしょうか。

もちろん、日本茶のときも、中国茶のときも、ときにはかしこまってお抹茶を点《た》てることもあるのですが、次々と咲く花や実、ハーブたちと追いかけっこの毎日なので、やはりハーブティが一番多いかもしれません。

皆さん、「何をどれくらい入れるのですか?」「どうしたらこんなにおいしく淹《い》れられるの?」と言ってくださいますが、ごめんなさい、レシピは出せません。目分量です。これはもう、長年の勘としか言いようがありません。「グラム数がわからないのに失敗しないの?」という友人に、「私、失敗しないので」と言ったら、大笑いしていました。

この日は、大和橘の花、白イチゴ、カモミール、フェンネル、ミント、あと何が入っていたかしら? 5月の新緑の季節、1年に1度しか味わえない、いいえ、一期一会といってもいい配合です。

お湯でさっと抽出しましたが、もう少しあたたかくなってきたら、夜の間に水でじっくり抽出するのもまたいいものです。お砂糖も蜂蜜も入っていないのに、ほんのり甘みを感じるハーブティで、素敵な1日がスタートできればいいですね。

昆布水をつくる

朝風呂が健康の秘訣と書きましたが、もしかしたらこれも体にいいのかもと思い当たるものがいくつかあります。

そのひとつが、昆布水。とくに暑くなってくる夏場には欠かすことがありません。つくり方をご紹介しますね。

ポットに5センチ×10センチほどの昆布を一枚。立派ないりこを2〜3匹。お気に入りの梅干しを1個。浄水もしくはミネラルウォーターを500ミリリットルほどそそぎます。

これを夜のうちに冷蔵庫に入れておいて、朝出して飲みます。冷たいものが苦手な方は、悪くならない程度に外に出しておいてもいいでしょう。私もお風呂上がりに冷たいのを1杯飲んだら、外に出しておいて喉が渇くたびに飲んでいます。すぐに飲み終わってしまうので、悪くなる暇がない。もちろん、外出するときにはまた冷蔵庫に戻します。運良く(?)2日目にも残っていたら、ちょっととろっとしてきて、それもまたおいしいのです。

おいしくつくるコツは、良い昆布、良いいりこ、良い梅干しに、良い水を使うことでしょうか。私は、昆布は大阪の「こんぶ土居」さんのもの、いりこは故郷香川の「やまくに」さんのものを使っています。いりこは、香川で生まれた私にとって、なくてはならない必需品。幼いころから慣れ親しんだものなのです。

昆布もいりこも、間違いのない本物をつくるお2人がくれる健康の元と思って、ありがたくいただいています。

梅干しは、自家製と言いたいところですが、忙しく動きまわる日々の中で、留守がちなこともあり、もっぱらいただき物を食べています。今日の梅干しは、かよちゃんお手製、明日は月ヶ瀬の、と楽しむ日々です。

こうしてつくった昆布水を、夏場は水代わりにごくごく飲んでいます。良いエキスが出ていて、とてもおいしく感じられます。

昆布水を飲み終わったあとの昆布と煮干しは、取り出して乾燥させ素揚げに

します。お酒のあてにもぴったり。梅干しも食べてしまいます。体に良いものをまるごと全部いただく幸せ。ささやかだけど、毎日続けることで元気でいられるような気がします。

酵素シロップのこと

体にいいことで思い出されるもうひとつは、酵素シロップです。もう何年もつくり続けていますが、一般的なレシピより、ほんの少しお砂糖を減らしているのが私流です。

酵素シロップづくりも、ほぼ、失敗しません。そしていつもおいしく仕上がります。スタッフや友人からは「手から特別なすごくいいものがでているのでは？」と言われています。酵素シロップは、つくる人、それぞれの手の常在菌の力を借りて発酵させてつくるので、あながち間違ってはいないのかもしれません。

春夏秋冬、その季節の旬の時期、庭に咲き乱れる花やたわわに実った果実、元気いっぱいのハーブを朝摘んで、時間をかけて仕込んだ酵素シロップは、まさに季節の恵みです。

この日、仕込んだのは、カラスノエンドウ、レモン、すだち、セージの新芽、ミント、桑の葉の新芽、桑の実、フェンネル、くるみの新芽、山ぶどうの新芽、びわの花とびわの新芽など。

5月の植物たちの、上に伸びよう、外に出ようとするエネルギーに満ちあふれた酵素シロップ。こんなに力強いものはないでしょう。

広口の瓶の中で、真っ白いお砂糖をまとっている姿も美しく「おいしくなぁれ、おいしくなぁれ」と心を込めて、毎朝せっせとかき混ぜているのですが、つくっている私もその姿を楽しみ、変化していく様子に元気をもらえるような気がします。

思えば、若いころ、著名な料理教室に通っていたことがあるのですが、先生のデモンストレーションの後、我先にと食材に手を伸ばし料理をつくって真剣に覚えようとするグループの中で、どうしても積極的に前に出られず、お鍋や食器ばかり洗っていました。このお教室は自分には向いていないのかな、合わないなと寂しく思いながら街を歩いていて見つけたのが、ひっそりとたたずむ野草料理の教室でした。

食べられる野草の知識や灰汁《あく》の抜き方、植物の新芽には毒がないこと、虫がいないかよく見て、きれいに洗うことなど、大事なことをたくさん教えていただきました。今、この瞬間にしかない季節の恵みをいただくための知恵を授けていただいたのです。

不思議ですね、この年になって思うのは、人生には何も無駄なことはないということです。そして、楽しみは年齢に関係なく、いつだってやってきます。時間は、たくさんのお金をかけなくても、知恵と経験を贈ってくれるのです。

朝ごはんにひと工夫

我が家の朝ご飯は、とてもシンプルです。

そんなに手間をかけたことはできません。けれど、ほんの少し季節を採り入れたり、時間の空いたときにちょっと用意しておいたものを加えたり、少しひねりを効かせる工夫をして楽しんでいます。

ある日は、グリーンサラダを用意して、あとはトーストとジュースとコーヒーという、なんということはないものですが、バターをたっぷり塗ったおいしいトーストには、朝摘んでおいた山椒の若葉を散らし、山椒・バタートーストにしました。山椒の若葉は4月から5月の初旬にしか楽しめない季節の恵み。バタートーストにのせると本当においしい。なかなかない組み合わせで気に入っています。

この日のジュースは、熟しすぎたメロンの皮をむき、一口大に切って冷凍しておいたものをジューサーにかけた生メロンジュース。たくさんいただいたり、収穫して食べきれなかった果物を、冷凍しておくのは長年の主婦の知恵です。これがあるだけで、いつでも果汁たっぷりのジュースを楽しめて、ぜいたくな感じがするものです。

あとは、親しくしている、ジャムづくりの名人にいただいたとっておきのジャムを添えました。このジャムは、本当においしいので、なくなるのが恐いくらい。しまってある引き出しを開けては、ストックの瓶を数えて、まだある、大丈夫と確認しつつ、惜しみ惜しみいただいています。

食いしん坊なので、おいしいパンやジャムなどの情報には常に敏感です。どこそこのものがおいしかったと聞けば、取り寄せてみることもしばしば。バタートーストには、細かく砕いた海藻を散らして、海藻・バタートーストにしてもおいしいですよ。そんなふうにいつも、これとこれを組み合わせたらどうかしら？　と、試してみて、おいしかったらお客さまにお出しするということを楽しんでいます。

シンプルでおいしいお弁当

仕事をしているので、けっしてたっぷり時間があるわけではない毎日です。「今日はもう家のこと何にもできない」と叫びたくなる日もあります。それでも、どうしてもやめられないのが夫への置き弁当です。

あたらしい仕事の打ち合わせが東京である、地方の作家さんの工房を訪ねる、どうしても見に行きたい展覧会がある。日帰りだったり、泊まりがけだったりと様々ですが、家を空けることがよくあります。そんな私を快く送り出してくれる夫に、せめてその日のお昼に食べるお弁当を用意しておきたい。

「時間がないの、ごめんね」と心の中で詫びながら、白いご飯を炊き、シャケを焼いて、副菜には昨晩炊いた茄子の煮物が鍋の中で味を含ませてあります。漬物は冷蔵庫から取り出すだけ。

もう後は、お弁当箱の力を借りるしかありません。曲げわっぱのお弁当箱に、炊き立てのご飯をふんわりよそって、冷ましておきます。ほど良く冷めたところに、シャケをのせて、しその葉っぱで仕切りをしたら、汁気を切った茄子の煮物を詰めて、お漬物を添える。

それだけの、少しも手のかかっていないお弁当なのに、よろこんで食べてくれる夫。出張から帰って、カラのお弁当箱が洗って伏せてあると、ほっとします。

「今日のどうだった？」

「これは、うまかった！」

手抜きだったくせに、ついつい出来栄えを聞いてしまいます。「うまかった！」のひと言が、今度は何を詰めようか？　何をよろこんでくれるのだろう？　という気持ちにさせてくれます。

お弁当はもはや、私たち夫婦の会話の潤滑油です。

目がとらえる幸せ

古いもの、新しいもの関係なく、好きなものを目に留まるところに飾るのが好きです。

ものにはすべて思い出があります。作り手の顔や人柄が浮かぶもの、若いころは余裕がなくて、躊躇《ちゅうちょ》しながらも思い切って買ったもの。普段、何気なく飾っているものから、ふと、思い出されることがあるのです。

窓辺の緑と相まって、走馬灯のように浮かび上がる思い出は、私を励まし、勇気づけてくれることもあれば、謙虚であれ、努力を忘れてはいけないと戒めてくれることもあります。

ランプは奈良に活動拠点を持つ照明デザインスタジオのもの。庭のホタルブクロを活けた乳白色の古い瓶は、昔から好きで集めているもの。優しいフォルムの馬の置物は、敬愛する金工家のもの。なんだかかわいくて、元気がないときでももう少し頑張れそうな気がしてくる。そして、プレートは、何とはなしに祈りを捧げたくなるような、心が鎮まる静謐《せいひつ》さをたずさえている作家のものです。

同じ部屋にはお気に入りを飾る棚もおいています。好きなものをあまり考えもなく並べて、ときどきは入れ替えながら楽しんでいます。

棚の上には、水差しとコロンとした形が気に入ったガラスの瓶。1段目には、どこかで拾ってきた石の前に、蓋物《ふたもの》。鳥のオブジェ。2段目には絵と、金工の茶器。3段目は江戸時代の乳白のガラス。4段目にはやたら編みの置物などが入っています。

最近は、力になれたらいいなと思うのか、元気をもらいたいと思うのか、若い方のものも並べることが多いような気がします。

緑からもらえる希望

自然からもらえるメッセージというものがあると信じています。たとえば、日本には四季がありますが、人間の人生にも四季があると思うのです。春のように穏やかな日もあれば、夏のように元気で旺盛なときもある。実りの秋があれば、冬のように険しい時期を乗り越えなければならないときもあります。

自然の緑を見て、絶望する人は、決していません。

庭の草木に水やりをしながら、私は新緑の葉に希望のしずくを見いだしています。

先にも触れましたが、ここはかつて、由緒ある薬草園だったといいます。私が手入れをする前から、山椒、柿、梅の木々が残っていました。わさびやふき、つくしやよもぎも自生します。隅にあった露草を目にとまるところに移植したら、みるみる増えていきます。

奈良の県花である奈良八重桜《ならのやえざくら》は、夫とスタッフとお花見を楽しもうと考え、比較的大きな木を植えました。大きな木にしていただいたのは、年齢を考えてのこと。育つのを待つ時間はないかもしれないからです。

花のいのちは短くて、開花期は本当に一瞬のきらめき。良い香りは神さまからの贈りもののようです。そして、花のあとには実がつくものが多くあります。これを味わうのはもう、鳥たちとの競争。朝の散歩、水やり、手入れの最中にも摘み取って、お茶にしたり、シロップにしたりお酒に漬けたり、口に放り込んだりしています。

ずっと忙しく仕事をしながら暮らしてきて、40年。私がいま見ている希望のしずくは、この庭を薬草園にして、次世代に引き継ぐこと。それは、私のささやかな夢でもあり、楽しみでもあります。

Ⅱ

元気いっぱいの昼

暮らしが仕事、仕事が暮らし

「暮らしが仕事、仕事が暮らし」というのは、「くるみの木」を40年続けてきて、最近とみに思うことです。

元々民芸の器が好きで、主婦が手を出せる範囲でもあり、気に入ったものを集めていました。

暮らしの中の道具でも、心惹かれるものを見つけると、いつもワクワクしていました。今もそれは変わりません。

53頁の楕円形の鉄鍋は北欧のものです。若いころ、向学のためデンマークの工芸学校で学んだことがあるのですが、その遊学の旅の最後に見つけました。美しいフォルムに出合ったときは、思わず抱きしめたくなるような気持ちでした。

手には取ったものの鉄鍋ですから重くて、友人たちも「ほかにお土産が買えなくなるよ」と、購入には反対のようでした。

けれど、諦めることはできません。この出合いを逃したら、もう二度と出合えないかもしれない。友人たちの反対を押し切って、抱えるようにして日本に持ち帰ったのです。

この鍋で何をつくろう？　青々としたアスパラガスを長いままで茹でられるのではないかしら？　小さめの新玉葱の皮をむいて、いくつ並べられるのだろう？　コンソメで煮るだけでもごちそうになりそう。2人分のポトフなら、そのままテーブルに出しても素敵。つくりたいものが頭にどんどん浮かんできます。

ほかのお土産を最小限に抑えても、よろこびが消えることはありませんでした。

それは、使い続けて30年以上経った今も変わりません。湯気の立つ鍋を食卓においた瞬間「わーっ」と歓声が上がります。まさに用の美の代表とも言える鍋です。重くても持ち帰って本当に良かった。

こんなふうに素敵な暮らしの道具を「くるみの木」に来てくださるお客さま

にもご紹介したい。自分が使って良かったものだけをお客さまにお届けしたい。「暮らしが仕事、仕事が暮らし」というのは、そんな私のポリシーでもあるのです。

慎み深く手をかけて、ものを活かして暮らしたい。そういった愛すべきものたちが暮らしを豊かにしてくれる。いつしか、そんな思いを持つようになりました。

私の思いの萌芽《ほうが》となったこの鉄鍋を、これからも大切に使い続けていきたいと思います。

旅の鞄にしのばせる

打ち合わせだったり、作家さんの個展だったり、洋服の展示会だったりと普段から出張の多い生活をしています。ですから、旅先でも味気ない暮らしにならないように、何かしら楽しめるものを鞄《かばん》にしのばせるのが私の流儀。

針仕事が好きなので、ちょっとほころびた繕いものと針と糸の入った小さな裁縫道具。ダーニングをするために、かかとの薄くなってしまったお気に入りの靴下とダーニングマッシュルーム、そして簡単な旅用お茶道具。

朝の気持ちのいい時間に、ホテルを抜け出して散歩をしたあと、シャワーを浴びてから、自分のためだけの一服のお茶を点てるのです。

好きな道具と好みのお抹茶――これがあるだけで、仕事であるはずの日常が非日常に変わります。そのせいか、ホテルに備え付けのお茶を飲まなくなりました。

どこにいても、どんなに忙しくても、楽しむことはできるはず。とくに、旅先でのお抹茶は心を落ち着かせるための必需品と言っても過言ではありません。トランクにお道具を収めさえすれば、幽玄なお抹茶の世界に導いてくれるのですから。

ホテルの部屋で自分のためだけの一服をいただくと、「ああ、今日も頑張ろう」と思えるから、お茶って本当にありがたいものですね。

自然素材が好き

瀬戸内の自然に囲まれた香川で育ったためでしょうか。兎《と》にも角《かく》にも自然素材が好きなのです。

たとえばコットンは、ふんわりとした肌触りが持ち味。吸水性、通気性に優れていて、普段の暮らしには欠かせません。麻の良さは、使って汚れてくたっとしても、洗って、干してパンパンとしわを伸ばせば、張りが出て新品とまではいかないまでもパシッとします。シルクやカシミヤは貴重なものですが、その輝きやあたたかさは贅沢で豊かな気持ちにさせてくれます。

60頁の写真左は、お茶事用の小さな麻の座布団。家でお茶事をさせていただく際には欠かせません。

座布団の隣にあるのは、草木を漉《す》き込んだ和紙のクッション。京丹波の工藝デザイナーによるもので、本物の自然を感じられる風合いに一目惚れして購入しました。顔を近づけると、清涼な和紙の香りがするのも気に入っています。

61頁の写真は、白い麻のワンピース。このワンピースを着ていると、「素敵ですね、似合っていますよ」「気持ちよさそうですね」と、知らない人にまで声をかけられる一品。

私は季節を問わず、一年中着ています。真冬でも、カシミアの長めのカーディガンを羽織ればまったく問題がありません。

もう、10年は着ていますので、肘のところが傷んでしまいました。長年着ていても生地の風合いは変わらず気持ちよいので、自己流でチクチク手縫いしたり、布を当ててミシンをかけたりと、補修しながら着続けています。

良いものはいつまでも身につけていたいものです。

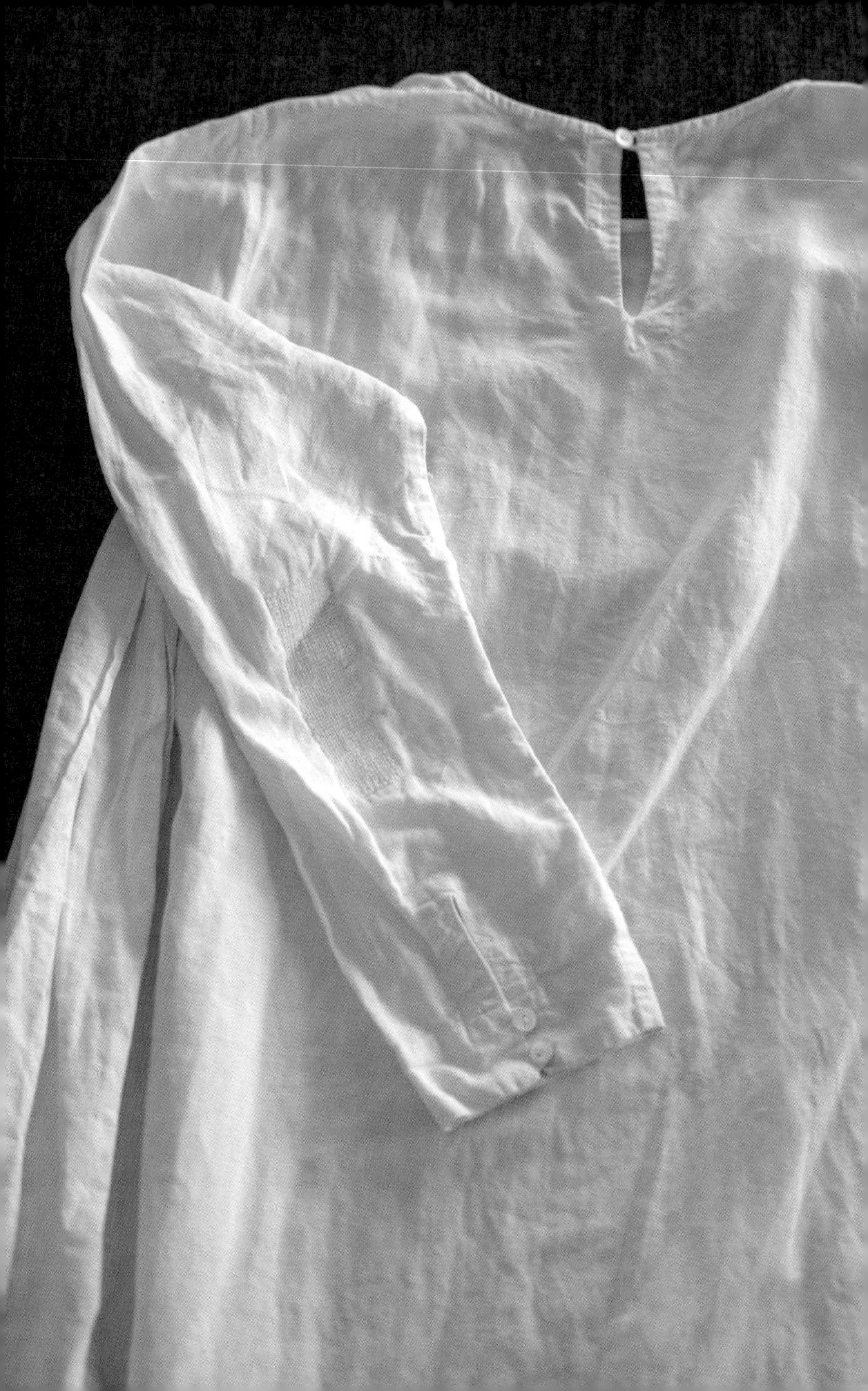

東京ではせっせと歩く

身につけているものを「それどこの？」と聞かれるのは、嬉しいものです。

最近よく聞かれるのは、白いスニーカー。

実はこれ、仕事仲間の男性から、誕生日プレゼントとしていただきました。夫以外の男性から誕生日プレゼントをいただけるなんて、と、飛び上がるほど嬉しかったことを覚えています。しかも気取らないスニーカーというのがいいですよね。

さっそく家に帰って履いてみて、「なんなのコレ？」と声が出ました。足をすっぽり包み込む履き心地の良さはもちろんのこと、ものすごく軽いんです。すぐに、よろこびのメールを送ったことを覚えています。

奈良では車を運転して移動することが多い私ですが、東京では歩いて移動したほうが早いこともあり、せっせと歩いています。

一時、足を悪くして、歩くのに難儀していたこともありましたが、手術をしてからは昔の通り、いいえ、それ以上にスタスタ歩くことができるようになりました。思い切って決断して良かった。

美しいから、目にとまる、好きになる。使いやすいから、使い続ける――。このスニーカーもまさにそう。用と美を兼ね備えた私のお気に入りになりました。履きつぶしてしまうことを恐れて、早めに2足目のスペアを買い足したほど。

白いスニーカーは、汚れが目立つと敬遠する人もいるかもしれませんが、汚れたときにはコインランドリーの靴洗い専用機で洗うといいですよ。20分で真っ白に洗い上げてくれます。

64頁写真右の白いスニーカーは形が合うので昔から履いていました。スニーカーというとジーンズにTシャツと思ってしまいがちですが、私はワンピースとも合わせています。なによりも歩きやすいですから。

歩くといろいろなものが見えてきます。とくに早朝の散歩はおすすめ。東京にも水鳥が泳いでいる池があったり、ちょっと木陰で座れるベンチがあったり、

心のオアシスを見つけては、ひとときリラックスすることもあります。

「いつまでも元気でね」そんな優しい気持ちで白いスニーカーを贈ってくれた年下の友人の声が聞こえてくるような気がして、「よし、今日も頑張ろう」と思えるのです。

重ねるということ

ものを重ねておくのが好きです。重ねると、取り出しにくいから非効率だという方もいらっしゃいますが、重なっている姿を見るのも好きなんです。器もふきんもタオルも、そういえば、なんでも重ねておいてしまいます。

22歳で結婚して、そろそろ子どもを持ちたいと20代後半につとめを辞めたのに、ひょんなことから30歳（正確には29歳）で「くるみの木」をはじめることになりました。あれから、もう40年。歳月の重なりに人とのご縁も重なっています。

「奥さんがそんな店をしても続くわけないだろうけど……」

「まぁ、2〜3年だったら」

と、反対の声を浴びながら、はじめた店が40年です。夫、スタッフ、大家さん、取引をしてくださる業者の皆さん、作家さん、メーカーさん、そして何よりもお客さまとのご縁の重なりが「くるみの木」の年輪です。

海のある地方に仕事で行くと、必ず土地の人に海辺に連れて行ってもらいます。潮風に吹かれながら、浜辺を歩くと、ついついガラスの破片や小石を拾ってしまうのです。

ガラスの破片なのに、波に削られ、縁《ふち》の丸くなったシーグラスは、「海の宝石」と呼ぶ人がいるくらい美しいものです。

小石も同じように、角が取れて丸くなっているものが好き。荒波を乗り越えるうちに、角が取れて丸くなったのでしょうか。人も同じように、人生を重ねるなかで少しずつ丸くなっていけたら……。

「コツコツが大事」

「一歩一歩」

目にも柔らかい小石を拾いながら、心の奥で声が聞こえてきます。これは母の声なのか、夫の声なのか、自分の声なのか……。ときに励まし、ときに叱り、ときにやさしく慰められる。浜辺での時間は、私にとって貴重な癒しの時間になっています。

そんなふうに拾ってきた小石には、思い出も詰まっています。これは高知で拾ったもの、これは富山で、こっちは新潟で……。自分の目の届くところにさりげなくおいて、歳月の重なりと、人とのご縁、そして心の奥に響くあの声を思い出すようにしています。

目で見て楽しむだけでなく、小さな石は箸おきにしても素敵ですし、大きな石は、部屋でセージを焚くときの皿にするのもいいものです。

MAY
15
MONDAY

私のおもてなしごはん

お客さまを食事でおもてなしすることが大好きだった祖母にならい、私も友人知人を招くのが好きです。せっかく来てくださったのだから、おなかいっぱい食べて、楽しんでほしい。

決して料理上手なわけではありませんが、気の張らない、心づくしの手料理を用意するのは苦ではありません。

おもてなしのテーブルに、大好きな器を使って自己流にセッティングするのも楽しみのひとつです。

ある日のメニューをご紹介しましょう。

いただきものの蛤《はまぐり》はお鍋にすれば、それだけでごちそうです。茄子の煮物は私のスペシャリテなので、初めてテーブルを共にする人のときには欠かせません。いつも登場を期待されているメニューですから、よろこんでくださる顔を思い浮かべながら煮ています。もう、何十年もつくり続けているけれど、まだまだ研究中、もっとおいしく炊けないかと精進の日々です。途中、口をちょっとさっぱりさせたいので、この日は、いかとしょうがのマリネを用意。揚げ物が好きなので、アスパラガスとソラマメの春巻きもつくりました。ご飯は、庭のふきの葉を塩漬けにしておいたものを使い、目はり寿司ふうに。ミーティングを兼ねたランチだったので、お酒はなしです。

別の日は、パプリカの蒸しもの。花巻、水餃子にメインディッシュは黒酢焼き豚です。つやつやのパプリカはほどよくスチームされて甘いと好評。黒酢焼き豚もタレの味が絶妙と大好評。焼き豚の隣に、白髪ねぎとパクチーを山のように添え、たっぷりいただくのが我が家流です。

ウー・ウェンさんのアルミの炒め鍋

主婦歴47年の私です。持っている鍋の数も半端ではありません。仕事を言い訳にずいぶん集めてきたものです。

鉄の中華鍋も、こびりつかない加工がされたフライパンも、炒めものにはこれ、お好み焼きにはこっちと決まりがあって、もう十分と思っていたのです。そう、このウー・ウェンさんのアルミの炒め鍋に出合うまでは。

料理家のウー・ウェンさんに料理教室をしていただくとき、私もよく参加しています。

そのときウー・ウェンパン＋《プラス》をご紹介いただき、ひとつ持っていれば、炒める、ゆでる、蒸す、焼く、揚げる、煮る、無水煮のすべての加熱調理ができる、頼もしい調理道具だということを知りました。

それに何しろ軽いんです。この軽さも気に入って、あっという間に我が家の台所でも登場回数上位の鍋になりました。

ウー・ウェンパン＋には、専用の蓋とスチームトレーがあり、素材の味を生かす蒸し料理にはもってこいなのです。

今ではウー・ウェンさん直伝のパプリカの蒸しものは、我が家の定番になりました。おいしくつくるコツは、出来上がるまでは蓋を開けないこと。

「皆さん、蓋を開けすぎます。何度も開けたら、パプリカにしわが寄ってしまいます」とおっしゃいます。うーん、でもそろそろいいのではないかしら？　と、蓋を開けたいところをじっと我慢して、レシピ通りの時間まで待ちます。

専用の蓋はドーム型で、たっぷりの蒸気を閉じ込めることができるようになっているのです。

料理家のレシピには、何度も繰り返し試作した結果が凝縮されているんですね。普段何気なくつくっていた料理が、見違えるようにきれいに、おいしくできるようになりました。

ああ、この鍋に47年前に出合いたかった。そうすれば、あの失敗もこの失敗も、なかったのではないかしら？　そんなふうに思うことすらあります。

ですから、ウー・ウェンパン＋はこれから道具をそろえていこうとする、若い人にこそおすすめしたい。道具もレシピもどんどん進化しているのですから、そのとき手に入る良いものを大切に長く使ってほしいと思います。

スッキリしたいときの炭酸水

日中スッキリしたいときには、よく炭酸水を飲みます。また、食事のときにはお酒がつきものですが、お酒を召し上がらない方、車でいらした方にも炭酸水をお出しします。

以前はボトルの炭酸水を購入していたのですが、ついうっかり切らしてしまうことが重なり、これは、自宅でつくったほうがいいということになりました。ソーダバーは、スウェーデン製のものを使っています。キッチンにおいてあっても邪魔にならないシンプルでスマートなデザインが気に入っています。電気を使わない手動式で、私でも操作が簡単なのもいいのです。

ソーダバーは決して安いものではありませんでしたが、ボトルのごみも出ませんし、長く使えばリーズナブルになってきます。

さらにスッキリしたいときには、ジューサーで絞ったレモンを炭酸水で割って飲むこともあります。自然な酸味が加わると、よりシャキッとできるのです。

ちなみにこのドイツ製のジューサーはうん十年選手。大事に使っているので、まだまだびくともしません。手放すことは考えられないくらいです。

そんなわけで、レモンの木はあちこちにたくさん植えています。収穫したら、キッチンやダイニングの目立つところに飾り、しばらく目で楽しんでから、ジュースにして炭酸で割る。絞った後の皮は、削って使ったり、そのままお風呂に浮かべたり。丸ごと楽しんで無駄のない暮らしができると嬉しくなります。

手を動かすこと、便利でシンプルなものの力を借りること、自分の才覚で少し楽しむ工夫をすること。そうすれば、暮らしはますます豊かになっていくのではないでしょうか。

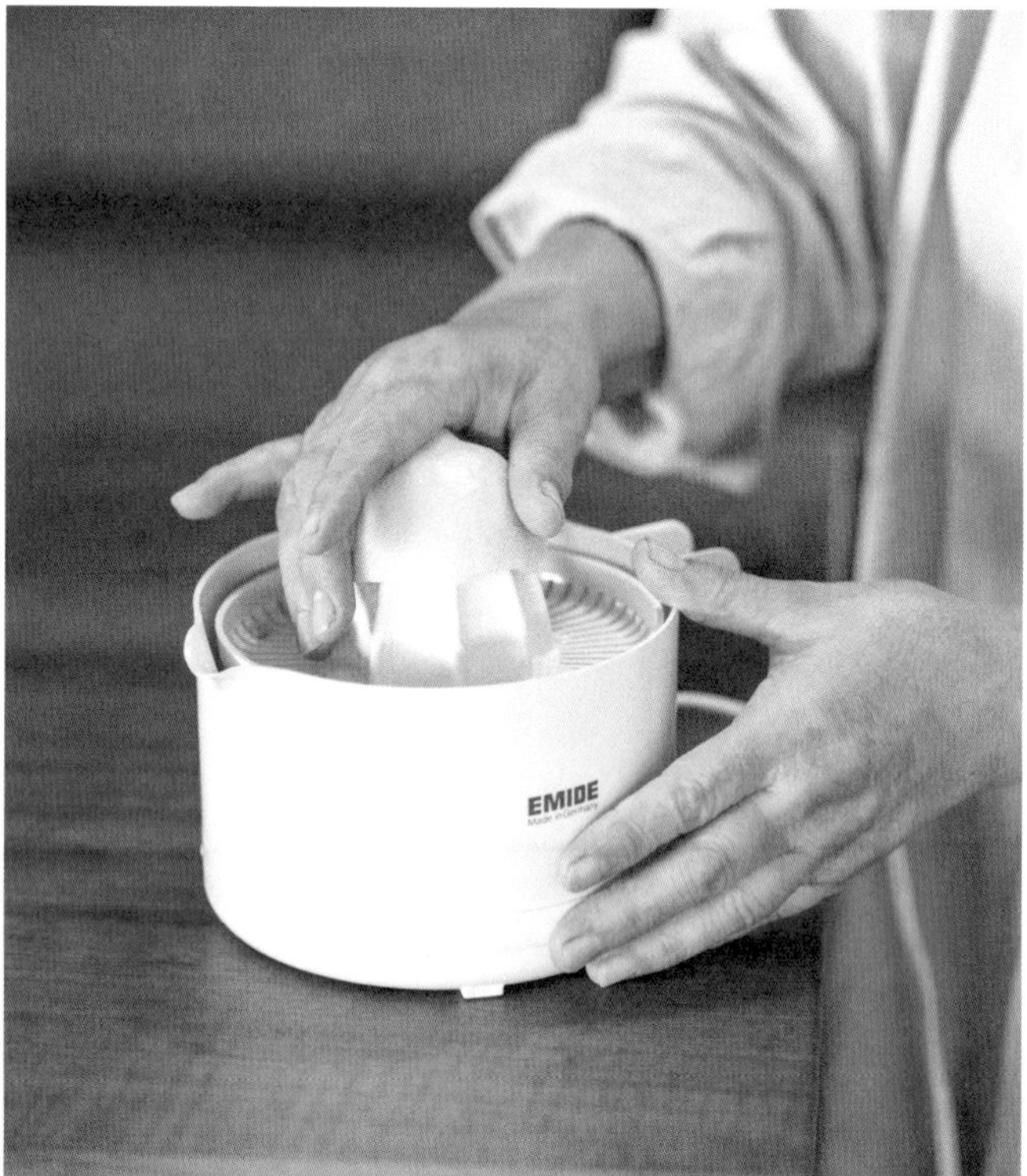
EMIDE

器と人との長いおつきあい

くるみの木をはじめて40年。走り続けてきてしまったから、あっという間のようにも思えるし、力を貸してくださった方々の顔が、次から次へと浮かぶのを数えていると、その出会いからのときの積み重なりに、遠い日々が思い出されます。

恩塚正二さん／辻和美さん

はじまりの器といってもいいのは、福岡で作陶されている恩塚正二さん。見れば見るほど愛嬌のある器に、出合えば、ひとつ、またひとつと買い集めていました。眺めていると若いころの自分がよみがえってくるようです。手にするたびに心が傾き、よろこびが湧き上がります。

恩塚さんは近年、オブジェ制作に力を入れておられて、もう、器をつくられてはいません。新たに出合うことはできない。だからこそ貴重で、大事に思う気持ちがことさら深まります。

作品のむこうに作り手が見える。それが、作家ものの器の醍醐味かもしれません。

もともと古い乳白色のガラスの器に惹かれて買い集めていたことは先にも触れました。

ガラス作家の辻和美さんの個展で、乳白色の大きな蓋物の中に、これまた乳白色の5つのグラスが納められたものを見たとき、思わず手が伸びました。私の好みにぴったりだったからです。

辻さんとのおつきあいももう30年くらいになるでしょうか。夫と愛犬と、車で金沢を訪ねたのは鮮やかな思い出です。当時、まだ金沢卯辰山《うたつやま》工芸工房で専門員をされていました。辻さんは犬好きだから、意気投合したのはもちろん、その感性から生み出されるものに心を奪われ続けてきました。

これからもずっと活躍を見続けていきたい魅力的な作家なのです。

恩塚正二さん　いまでも手に取れば、恩塚さんのお顔が浮かんできます。
手放すことはできない大切な器です。

辻和美さん　繊細かつ美しくかつあたたかいのは、その人そのもの。

三谷龍二さん／安藤雅信さん

木工デザイナーの三谷龍二さんとのおつきあいも、本当に長くなりました。まだ20代のころ、夫と出かけた白馬のスキー場で売られていた手づくりの木のブローチ。ただかわいいだけではない、大人のかわいさに惹かれ、訪れるたびに買い足していたのです。

くるみの木をはじめた当時、草木染をしていたので、自分で染めた糸を販売しようと考えました。そのときに、一緒に木のブローチを置きたいと思い、連絡先を教えていただいたのがおつきあいのはじまりです。

40年にのぼる歳月、同い年ということもあり、友人としてのおつきあいもはじまりました。くるみの木の看板が三谷さんの作品だとご存じの方も多くいらっしゃいます。人生を振り返っても、とても大切な出会いとなった作家さんです。

来客が多い我が家では、大きな器を使うことが多いのですが、本当に使い勝手が良くて料理映えします。

最近三谷さんから、「こんなに大きなものをつくるのは、だんだん難しくなってきたね」と言われました。材料となる大きな木が少なくなってきたこのごろでは、当然のことですが、貴重なものになってきています。

安藤雅信さんのつくる器が好きで、多治見にギャルリ百草《ももぐさ》ができると、すぐに訪ねました。

安藤さんといえば、デルフト焼の白い器が代表作ですが、銀彩の器も素晴らしいものです。銀彩は、生まれたての良さもありますが、年々色を変え、育っていく愛おしさも格別な器だと思います。

「これ、いいね。いつごろのものなの？」

「え？　これは安藤さんの作品よ」

「えーっ」

安藤さんが我が家に遊びにいらしたとき、あまりにも見事に育っていた我が家の銀彩に、作り手自身が魅了されてしまったのです。嬉しい思い出です。

三谷龍二さん　「あなたの家にあるものだけで、個展ができるんじゃない？」と、
作家ご本人に言われるほど集めてきました。それほど好きな作品たちです。

安藤雅信さん　私の銀彩デビューは左の丸いプレート。
長い年月をかけて、手元で育て続けるというよろこびを教わりました。

小野哲平さん／赤木明登さん

デーン、ドーンという音が聞こえてきそうな大皿だと思いませんか？　次頁上は小野哲平さんの初期の作品です。

触らないとわからない質感が何とも言えない持ち味で、哲平さんから解き放たれる大きなエネルギーに圧倒されてしまいます。

年齢こそ私の方が上なのですが、器のことだけではなく、教わることの多い作家さんです。

その小野哲平さんから、「漆《うるし》なら、赤木さんがいいよ」とご紹介いただいたのが、塗師《ぬし》の赤木明登さんです。

赤木さんは元雑誌編集者。漆に惚れ込み、輪島に移り住んだ異色の作家さん。すでに厳しい徒弟制度の修業を経て塗師として独立なさっていました。

家を訪ね、仕事場も拝見させていただいた後、お弟子さんたちと一緒にテーブルを囲ませていただきました。

小野哲平さん　土のかたまりの中に、哲平さんの生き方が見える。そう思えてならない、お気に入りの器です。どんな料理も受けとめてくれる包容力に感服します。

赤木明登さん　漆はかしこまった席のお吸い物椀、お正月のおせち料理の重箱という古いイメージを払拭してくれたのが赤木さん。もっと自由に、普段使いをおすすめします。

テーブルの上に、使い込まれた漆の器が所狭しと並んでいたのを覚えています。

「ああ、こんなふうに使えばいいんだ」

今まで漆というと、かしこまったイメージがありましたが、赤木家では、さりげなく使われる漆の器が印象的でした。

とくにこの拭き漆の重箱は、もっと日常的に使いたい器として思わず注文したものです。料理を盛り付けるだけでなく、食材を盛り付けても食卓が華やぎます。

赤木さんご夫妻は、暮らしの中に飾らない普段着の漆の器使いを提案してくださいました。それは漆の世界の革命的な出来事だったのでは……と、今そう思います。

私もそれを、できるだけ多くの方に伝えるお手伝いをしていきたいと願っています。

岩田圭介さん／井山三希子さん

岩田圭介さんから作品が届くたびに、スタッフからも、ため息がもれます。それほど表情のある器で、それが作り手としての魅力です。

十数年前福岡の海の見えるご自宅にお伺いした際、奥さまもご紹介くださいました。奥さまはコラージュ作家の岩田美智子さん。お2人は似たもの夫婦という言葉がぴったりで、工房はお互いが引き合うような、お2人ならではの、どこにもない世界観を感じさせてくれました。

くるみの木でも幾度となく展覧会をさせていただいていますが、その都度、今は亡き愛犬のカブちゃんを車に乗せて、お2人仲良く足を運んでくださいました。

ここにご紹介したのは、小鉢や湯のみですが、用途にとらわれず、ときにはお茶を、ときにはお浸しを、ときにはお酒をと、上質な遊びができる器たちです。

井山三希子さんとは、仕事の打ち合わせをするときでも、「どこへいく？」「何を食べる？」が合言葉。

そのシンプルでセンスのいい暮らしぶりそのままに、つくられる器もシンプルでセンスがいいのです。

出会ったときから変わらない、白と黒のあたたかみのあるモノトーンの世界は、彼女の生きる姿勢を感じさせてくれます。暮らしも仕事もコツコツと、着実に築き上げていらっしゃるのです。

井山さんとは、旅を一緒にできる友人でもあります。

紹介したい作家さんはたくさんいらっしゃいますが、今回はその中でも長いおつきあいのある方々をご紹介しました。どの方の器も我が家の家宝として、いつでも使えるところに鎮座しています。

岩田圭介さん　岩田さんの器は並べて眺めるのもいい。惚れ惚れします。
左奥は定番、それ以外は作品展ごとに1つ1つそろえていったもの。

井山三希子さん　井山さんの変形八角形のプレートは、こんな風にサイズ違いで重ねて
テーブルにおけば、これから出てくる料理への期待感を高めてくれる気がします。

竹のコーヒーフィルター

「これは魔法のコーヒーフィルターです」と叫びたい。それほどの賞賛に値するものだと思っています。

これほどまでに細かい目で編まれているのですから、実際に使ってみて、びっくり。よくぞこんなにいいものをつくってくださいましたと感謝の気持ちが湧き上がってきました。

コーヒーを上手に淹れたいけれど、どうもうまくいかないことがある、そんな方にぜひ試してみてほしいのです。

注いだお湯が、コーヒーをふっくらと蒸らし、1滴1滴ぽたぽたと抽出されていく様子を見ていると、「きっと美味しいのでは?」「私もなかなか、うまいもんだな」と期待がふくらみます。

もしも、これがだめになったらと思うと心配で、慌てて1つ買い足したほどのお気に入りです。色の薄い方が新品。あめ色に色づいてきているのが2年ほ

ど使い込んだもの。ほぼ毎日、2年間使ってもびくともしません。経年の変化も美しい。

さっと水で洗えば、ものの2〜3秒できれいになり、目詰まりすることも全くありません。

この竹のコーヒーフィルターは芸術品ではありません。けれど、生活の中のアートといってもいいのではないでしょうか。

本当に必要とする方に届いてほしい逸品です。

Ⅲ

明日のための夜

下ごしらえがいのち

「えっ、もうできちゃったの？」

「すごく早いですね」

自宅で来客のお食事を用意するとき、そんなふうに言われることがあります。

なれていて、手が早いからと思われる方もいらっしゃるかもしれませんが、そうではありません。準備しているのです。料理は下ごしらえがいのち。

料理上手だった祖母がいつも台所に立ち、下ごしらえをしていた姿が今も目に浮かびます。

「これは今晩、これは明日の朝、これは食べる寸前に」

孫の私が覚えられるように、問わず語りに話しながら下ごしらえを見せてくれました。祖母の手によって準備されていく野菜の美しかったこと。

「どうしてこんなにきれいに切るの？」

「自分の目がよろこぶからよ」

どんな仕事だって、せっかくやるならきれいにやるのがいい。そんなことを教わるともなく、教わっていたのです。我が家の冷蔵庫には、いつも白髪ねぎやささがきごぼうを水にさらしたものが待機しています。

来客の多い我が家では、3日連続でお客さまをお迎えするなんてこともしばしばです。これは、そんなある日の冷蔵庫の様子。

冷蔵庫は本当はもう1台ほしいくらい。普段は下から2番目は、1段まるまる空けてあるのですが、この日はパンパン。

ここまでパンパンなのはめったにありませんが、パズルのようにはめ込んで、ピタリとおさまると嬉しいもの。中身を見ながら、これはあれに、あれはこれにとにらめっこしながら気の張らない料理をつくるのが私流です。

Juniper Berry
Elderflower
CORDIAL
速鮮チルド
SUPER FRESH ROOM

ふきんは夜洗って、朝たたむ

私の場合、ふきんを洗うのは夜と決まっています。シンクの隅にボールをおき、汚れたらそこに入れていきます。ボールには、水と食器洗い洗剤と重曹、あればレモンの絞り汁が入っています。

台所の仕事ももうおしまいという、ほとんど最後の最後に手でゴシゴシと洗って、すすいで、ぎゅっと絞って干すのです。

ふきんがきれいになると、気持ちがいいものです。ですから、シミができたり、薄汚れた感じがしたら、ときどき熱湯で煮ています。煮ると、たいていの汚れは落ちてしまいます。

それでも落ちなくなったら、お役御免。雑巾にしてから処分します。布にもいのちがあるような気がして、とことん使いきってからでないと捨てられない性分です。

ふきんは普段用に10枚用意しています。

私も40年使い続けているこのふきんの特長は、使いやすいように輪に縫ってあることです。輪っかに手を入れてくるくる回しながら拭けば、効率よく乾いた面で食器を拭き上げることができます。

干したふきんは明日の友、台所の盟友です。朝にはふんわりと乾いたふきんをたたむのも楽しみ。今日も1日よろしくねと心の中で声をかけます。

たたむときには、折り目の輪っかが手前。これがお約束です。こうすると、ととのって、きれいに見えるでしょう。

きれいに積まれた姿が、自分の姿勢を正してくれるような気さえします。

きざみにきざむ

野菜をきざむのが好きです。とんとん、とんとん。さくさく、さくさく。ざっざっ、ざっざっ。

野菜をきざんでいると、心が落ち着いてきませんか？　焦れば、美しく切れないし、急いだところで、自分にできる仕事の量は限られています。雑に仕上げて、あとで納得がいかない思いをするのも自分。野菜をきざむというなんでもない行為が、教えてくれることがたしかにあります。

もちろん、心の問題だけでなく、きざんでおいた野菜の下ごしらえが、次の日の自分を助けてくれるという実利もあります。

「由起子、まだ起きていたのか？」

「もうちょっとね」

「はよ寝や、明日も早いやろ？」

「うん、これだけやってから」

翌日、打ち合わせがあり、出張という日の深夜、先に寝室に入っていた夫が、台所に戻ってきて声をかけてくれます。

なんというか、その気持ちが嬉しいのです。それで、つい、もう1つきざんでおこうかとなってしまう。

私の勝手ではじめたくるみの木を、支え続けてくれた夫です。その彼がいなければ、ここまで続けてくることはできなかったことは間違いありません。だから、本当に感謝しているのです。せめて、私の帰りが遅くなっても、ちょっとつまめるものくらい、冷蔵庫に用意しておきたい。そんな気持ちになるのです。

「まだ、やってるのか、もういいかげんにしろよ」

「はいはい、もうおしまい」

もう1度戻ってきた夫に叱られてしまいました。本当にもうおしまいにしなければいけません。

もしかすると、夫の労《ねぎら》いの言葉が聞きたくて、きざんでいたのかもしれませ

ん。夫婦って不思議なものですね。ていねいに時間をきざんでいけば、きっと返ってくるものがあるのです。

　きざんだ野菜を保存容器にいれて、冷蔵庫のパズルにはめ込めば、今日の仕事は、はい、おしまい。これで人生丸印。

中国茶の愉しみ

あまり決まりごとにこだわらず、気楽に楽しめる中国茶を折々に愉しんでいます。

お客さまが来たときにもよろこんでいただけるし、1人のときも、夫婦2人でも、愉しめます。

茶葉は、1煎目、2煎目だけでなく、10煎目くらいまで愉しめる茶葉もあるのです。

あたたかく、かぐわしい香りは、あわただしい日常を過ごす私たちの心に、静けさをもたらしてくれます。

中国茶のお道具はどこかかわいらしい感じがします。小ぶりなお茶の道具を目にすると、皆さんわくわくされるようで、自然と場がなごんできます。不思議と会話も弾むような気がします。

お道具は、なにもすべてを一度にそろえる必要はありません。気に入ったものを少しずつ、ご自身のペースで気長にそろえていけばいいのではないでしょうか。極端に言えば、茶葉と茶壷（急須）と茶通（茶葉が詰まったときに取り除く道具）、茶杯があれば、中国茶は愉しめます。最初は、ご自宅にあるもので代用してもいいのです。とはいっても、私自身、形から入るタイプです。お道具を集めるのも、楽しみの1つです。

実際、私のこの中国茶のお道具も、一度にそろえたわけではありません。茶壺はこれがいいかしら、茶杯はこれにしましょう、小さな薬缶はこれが代用できそうと、楽しみながらひとつひとつそろえました。

あまりすべてを同じ素材にしないで、ガラスや銅のものなどを取り入れてみました。それも軽やかでいいのではないでしょうか。

この茶盤《ちゃばん》は、三谷龍二さんのもので、茶芸中にあふれるお湯を受け止めてくれるさまは、作り手のお人柄そのままに安心感があります。

落ちていくお湯の音、日本茶とはまた違った茶の香り、何煎も何煎も淹れては飲み、話しては淹れる、そんなゆったりとした時間をこれからも愉しんでいきたいものです。

このごろでは中国茶のお教室もあちこちで開かれていますので、身近で通えるところを見つけられるといいと思います。

自然な香りにつつまれて

身につけるものも、部屋の香りも、できるだけ自然な香りを楽しみたい。いちじくの葉は、乾かすと、ほのかに甘い香りがするのを教えてくれたのは祖母でした。竹のざるにのせて乾かせば、ふんわり甘い香りが漂います。乾かしておいた葉にお湯を注げばお茶にもなりますから、昔の人の知恵はすごいですね。フィグ（いちじく）のルームフレグランスがあるのを知ったのは、大人になってからのこと。ヨーロッパのものですが、早くからやっていた祖母のセンスにすごいなと感動してしまいました。

私はいちじくの葉を、部屋の片隅においています。これだけで、自然な芳香につつまれます。目にも香る優しい緑を見るだけで、清々《せいせい》するような気がするのです。いちじくの葉の隣に少し見えているのはジンジャーの花をお酒につけたもの。もう6年ものになりますから、とろんとしてきて、そろそろ飲みごろです。

思えば、祖母がしていたことを、できる限り、やれる限りと思って、しているような気がします。きっと昔の人は、そんなふうに手をかけて、なにはなくとも豊かな暮らしをしていたのでしょう。

自然な香りといえば、基本的に毎日使うのはセージの葉です。ここに越してきて、庭にセージを植えました。「スカボローフェア」という曲にも出てくる代表的なハーブのひとつで料理にも使えます。

春に新芽が出て成長し、夏から秋にかけて繁茂します。その姿は生きていく強さそのもの。それを冬に刈り取って、1年分使えるように十分に乾燥させるのです。これはインセンス代わりになります。

耐熱性の器や石の上で火をつけてから消すと、スーッと煙が立ち上ります。その様子は、神々しいほど。部屋を浄化してくれているように感じられます。私は庭で育てて自分で乾燥させた自家製の自然のものが好きなのですが、市販もされているようですね。

捨てずに使いきる

どんなものにもいのちがある。この世に生まれてきたのだから、そのいのちを使いきることがよろこび……。だから、どんなものでも簡単には捨てられない性分です。

靴下のかかとが薄くなってきたら、移動中の新幹線の中で鞄をごそごそ、ダーニングマッシュルームと針と糸を取り出してチクチク、チクチク。1時間半もあったら、補修できてしまいます。

建物の老朽化で、数年前に閉店した秋篠の森で使っていた木の扉。懐かしい思い出とともにとってあります。いつか、きっとどこかに使えるはず。「ああ、これは……」と思い出してくれるスタッフやお客さまがきっといるはず。びっくりする顔、よろこぶ顔が私の遊び心に火をつけます。

いただきものの果物が完熟しているのに食べきれない。そんなときはジップつきの保存袋に入れて、すぐに冷凍庫に。イチゴならへたを取ってそのまま、マンゴーなら皮を剥いて一口大に。後でミキサーにかければ、ジュースにもソースにも変身させられます。

さて、写真のざるに入っている葉っぱはなんだと思いますか？　庭の落ち葉ではありません。正解は、中国茶を淹れ終わった茶葉です。

味も香りも、もう何煎も楽しんだのですから、捨ててもいいとも思うのです。けれど、なんだかまだいい香り。それで、ざるに入れて干してみました。

さらさらに乾いたら、お皿に盛って消臭剤にしましょうか。それとも、それとも……。

ふと思いついて、試してみたくなりました。例によってレシピはないのです。お許しくださいね。

まず、ゆで卵をこしらえておきます。固ゆででも、半熟でも、お好みでいいでしょう。保存容器に、殻を付けたまま入れておきます。お鍋に乾燥した中国茶葉をひとつかみくらい。お醤油、砂糖、塩、そして五香粉、八角、シナモンなど、手持ちのスパイスを何種類か。かぶるくらいの水を入れ火にかける。弱火で20～30分煮る。良さそうと思ったら、ゆで卵の上からかけて漬け込みます。タレがまんべんなくかかるよう、少し混ぜておきましょう。肉桂《にっけい》の葉を上にのせましたが、これはあってもなくてもいいと思います。

翌日皮を剥いてみたら、恐竜の卵みたいにマーブル模様になった中国茶卵ができていました。朝なら、ごま油をたらした中国粥と一緒に。昼にはほかほかに蒸し上げた肉まんと一緒にいただいてもいいですね。

ここまで捨てずに使い切ることができたら、茶葉はもちろん、私も大満足です。

夕暮れどきのテーブル

夕暮れどきはこんなふうに、ダイニングの前のテラスにテーブルを出して楽しむこともあります。

夫婦で？　いえいえ、この日は夫は留守でした。大人の女性の友人と2人きり。多くを語るわけではないけれど、お互いに長い歳月を仕事に捧げてきて、あんなことも、こんなこともありました。テラスに座って、顔を見合わせれば、ふっと顔がほころびます。

気楽に飲める程度のワインを開けて、この日はマッシュルームのサラダにとっておきのチーズをたっぷり。まずはこれで乾杯。

「何かもっと召し上がる？」

「ううん、あなたとゆっくり話せるのがなによりのごちそうよ」

そんなお言葉に甘えて、この後はあり合わせのチーズと果物を用意するくらい。

リゾート地でのんびり羽を伸ばす時間はなかなかとれませんが、ほんの少しの工夫で、リラックスはできるものですね。テーブルにクロスを掛けるだけで、普段から見ている庭の景色も、ちょっとよそ行きの大人の雰囲気になるから不思議です。

同世代の友人とは、何も話さなくても、通じ合えるものがあるのです。別の仕事をしていても、同時代を生き抜いてきた戦友のようなものでしょうか。

会話のほとんどがとりとめのない情報交換。新しくできたホテルの内装が素敵だった。すごくいい空きテナントを見つけた、誰かお店をやればいいのに。あそこのケーキおいしいの……。

愚痴と噂話を戒めて、相手に楽しい話題をどれだけ提供できるかに心を砕きます。そうすれば、お互いに長い年月大変だったけれど、楽しかった。まだもう少し頑張れそう。ああ、またお目にかかりたい。そんな豊かな気持ちにさせてくれます。

お客さまのタオル

もう40年くらい前になるでしょうか。原宿にティントというお店があったことを覚えている人がどれくらいいるでしょう。

テキスタイルデザイナーのヨーガン レールさんが、敷物やベッド、シーツやパジャマやタオルなど、おそらくご自分がお使いになりたいと思った暮らしまわりのものをデザインしておいていたお店です。いまでこそ、そういうライフスタイルショップは増えてきましたが、当時はほかのどこにもない画期的なお店でした。

お店に入ると、「ああ、こんなに素敵なものがある」「これもいい」「あれもほしい」と心がわきたちました。なぜなら、ほかのお店では見たこともないような染めや織りの生地ばかりで、個性的なのに自然な色合いで、決して派手ではないけれど、特別なものという感じがしたからです。

まだ若かった私は、一度にたくさんのものを買うことはできませんでした。

お店に足を運ぶたびに、タオルを1枚、もう1枚、次は少し大きなバスタオル、次はシーツ、ベッドカバーと少しずつ買い足していったのです。

後に、自分がくるみの木をはじめて、レールさんがデザインされたものをお店で販売したり、ご生前に一緒にトークショーをさせていただくことになるなんて、夢にも思っていませんでした。

持っているタオルが大切すぎて、なかなか普段に使えないとレールさんご本人にお伝えしたことがあります。すると「使ってください。そのためにつくったのですから」と笑いながらおっしゃっていました。

ああ、そうだ、使わなくては……。この良さをわかってほしいから、我が家にお泊まりになるお客さまにお出ししてみよう。

すると、皆さん気がつかれて質問されるのです。「ねぇ、これどこの?」と。この写真に写っているのは、ほんの一部ですが、一番上にちょこんとのっているタオルはまさにティント時代のもの。私がヨーガン レールさんの布ものを好きなことを知った友人が、「あなたが持っていたほうがいい」と譲ってくれました。

　お客さまには気兼ねなく、たっぷり使ってほしいから、必要枚数以上のものを用意して重ねておきます。このときも、輪っかを手前にしておくのが私の決まり。

起きたことは受けとめる

言うまでもないことですが、起きたことは受けとめなければなりません。けれども、受けとめきれないのではないかと思うことも人生には起こるものです。

たとえば、２０１９年末に発生して、あれよあれよという間に世界中に広まってしまった新型コロナウィルス感染症。飲食店をしている私たちにとっては、本当に苦しいもので、言葉で書きあらわすこともできないほどでした。

経営者である私がうろたえてはいけない。ただちに、どうしていくか考えなくては、決めなくては。まずはお客さまの安全をお守りすること、そして、スタッフが路頭に迷うようなことがあってはならない。とにかく必死でした。

長い経験を重ねてきて、さまざまなことを乗り越えてきた私でも、受けとめきれないのではないかと思った日もありました。

私は、過去の手帳を少なくとも2年分は手元においておくようにしています。

そして、困ったときは手帳を開く。あのときも大変だった、どうやって乗り越えたんだったっけ。月日を遡るように手帳をたどっていくと、何かしらヒントになるようなことが、書いてあるのです。

今回私が見つけたのは、「通り過ぎる、終わる、大丈夫！」という走り書きでした。それは、かつての自分から、今の自分への激励とも言えるようなメッセージです。

どんなことにも終わりがある、通り過ぎたときに、精一杯やった、良くやったと思えるようにやるしかない。経験というのも、人生の宝物なのだと改めて思いました。

奈良の地で、くるみの木をはじめて40年。出身は香川なので、永らくよそ者という遠慮がありました。けれども今や、町を歩けば顔見知りがいっぱいです。「ゆっこねえさん、どうしよう」「どうしたらいい？」と相談してくれる若い人たちもいます。

同じ奈良の地で根をはって、頑張っている若い人たち。私は、もう彼ら彼女たちと競争という年齢ではありません。辛いことも苦しいことも乗り越えてきたのだから、「大丈夫よ」って、今は若い人を励ましてあげたいと思うのです。

月に1度くらいは若い仲間と一緒に、ごはんミーティングをしています。

みんなを励まして、応援しているつもりでしたが、思えば、これはギフトだと思い至りました。励ましているようで、励まされている。応援しているようで、応援されている。1人では受けとめきれない重荷も、みんなも頑張っていると思えばこそ、受けとめられているのですから。

台所に軸足を

「いつも台所にいますすね」と、書類を持ってきてくれるスタッフに言われます。書類に目を通すのも、ダイニングのテーブルです。

父母からは健康で頑丈な身体をいただき、祖父からは歌を、祖母からは家庭生活全般の知恵を教わりました。丈夫な身体も、食べるものからつくられています。

台所って、家族の灯台みたいなところではないでしょうか。帰ってくる家族を照らし、お客さまを誘導する。

そういえば私は、あえて玄関ではなく、台所から人を迎え入れるのも好きです。

「入っててねー。てきとうに座ってて、くつろいでねー」

ごはんをつくる手が離せないので、笑顔と声とジェスチャーでお出迎え。みんなでごはんを食べるのが楽しくてならないのは、育った家がいつもお客さまを招いて、みんなでごはんを食べていたからかもしれません。

思えばくるみの木も、私の台所の延長のようなメニューからはじまったカフェです。おいてある雑貨も、暮らしの中で使うもの、暮らしを彩るためのものが中心です。

お客さまが、忙しい毎日のなかで、ちょっと時間ができたとき、「ああ、くるみの木でお茶を飲みたいな」「手ごろでおいしいものを食べたいな」「素敵な器がほしいな」「お洒落な服がないかしら」と思ったとき、いつでもそこにちょうどよく在りたいのです。

20代のころ思い描いた夢を、長い時間をかけて叶えてきました。私にはもうそんなに時間はないけれど、まだまだ夢を見ることはできます。台所に軸足をおいて、奈良に軸足をおいて、これからもそんなに遠くない、少し手を伸ばせば届くような、そんな夢を見続けたいと願っています。

おわりに

今日も早起きをして、日課の庭の散歩を終え、掃除をして休憩。ハーブティをいただきながらこの原稿を書いています。

パソコンに向かいながら、何を書こうかなと思うと、とにかく感謝の言葉しか浮かんで参りません。この年まで元気で仕事を続けてこられたこと、支えてくださる方々、お客さまへの感謝、スタッフへの感謝、お天道様にも、雨が降ることにさえ感謝です。

この感謝をどうあらわしたらいいのでしょう。私にできることってなんだろう。そう思うと、人をよろこばせるためのアイデアがどんどんあふれてきます。本書も、そんな思いから生まれました。

最後までお読みくださり、ありがとうございます。この本の中に、何かひとつでも皆さまの暮らしが豊かになるヒントがあったなら嬉しく思います。

私の日常を美しい写真におさめてくださった写真家の木寺紀雄さん、素敵なデザインに仕上げてくださったデザイナーの渡部浩美さん、励まし、伴走してくださった編集者の見目勝美さん、ありがとうございました。

最後に、日々「くるみの木」に足を運んでくださるお客さま、運営にお力添えくださっているすべての皆さま、スタッフのみんな、そして一番の理解者であり応援者でもある夫にも、心からの感謝を捧げます。いつも本当にありがとうございます。そしてこれからも、どうぞよろしくお願い申し上げます。

２０２３年８月

自宅のダイニングテーブルにて　石村由起子

ブックデザイン　渡部浩美
撮影　木寺紀雄
製版　大場結奈
編集　見目勝美

石村由起子（いしむらゆきこ）

１９５２年、香川県高松市生まれ。１９８３年に奈良市でカフェと雑貨の店『くるみの木』をはじめ、全国から人が集まる人気店へ成長させる。その後、三重県ＶＩＳＯＮの「くるみの木　暮らしの参考室」や滋賀県長浜市の「湖のスコーレ」プロデュースなど幅広く事業を手がける。現在は奈良を拠点に、日本各地で地域活性拠点や、商業施設のプロデュースを行なっている。おもな著書に『小さな幸せみつけた』（主婦と生活社）、『奈良のたからもの　まほろばの美ガイド』（集英社）、『私は夢中で夢をみた』（文藝春秋）、『自分という木の育て方』（平凡社）、『おとなの奈良めぐり』（ＰＨＰエディターズ・グループ）など多数がある。

あふれる日々を、ととのえる。

2023年8月31日　第1版第1刷発行
2023年9月29日　第1版第2刷発行

著者　石村由起子
発行者　岡　修平
発行所　株式会社PHPエディターズ・グループ
〒135-0061　江東区豊洲5-6-52
TEL03-6204-2931
http://www.peg.co.jp/

発売元　株式会社PHP研究所
東京本部　〒135-8137　江東区豊洲5-6-52
普及部　TEL03-3520-9630
京都本部　〒601-8411　京都市南区西九条北ノ内町11
PHP INTERFACE　https://www.php.co.jp/

印刷所
製本所　凸版印刷株式会社

©Yukiko Ishimura 2023 Printed in Japan

ISBN978-4-569-85530-1

※本書の無断複製（コピー・スキャン・デジタル化等）は著作権法で認められた場合を除き、禁じられています。
また、本書を代行業者等に依頼してスキャンやデジタル化することは、いかなる場合でも認められておりません。
※落丁・乱丁本の場合は弊社制作管理部（TEL03-3520-9626）へご連絡下さい。送料弊社負担にてお取り替えいたします。